Tiny Turtle

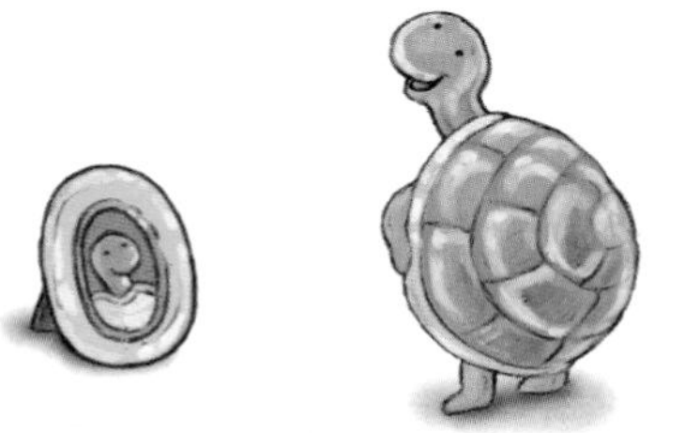

Written by Roxane Fox
Illustrated by Rusty Fletcher

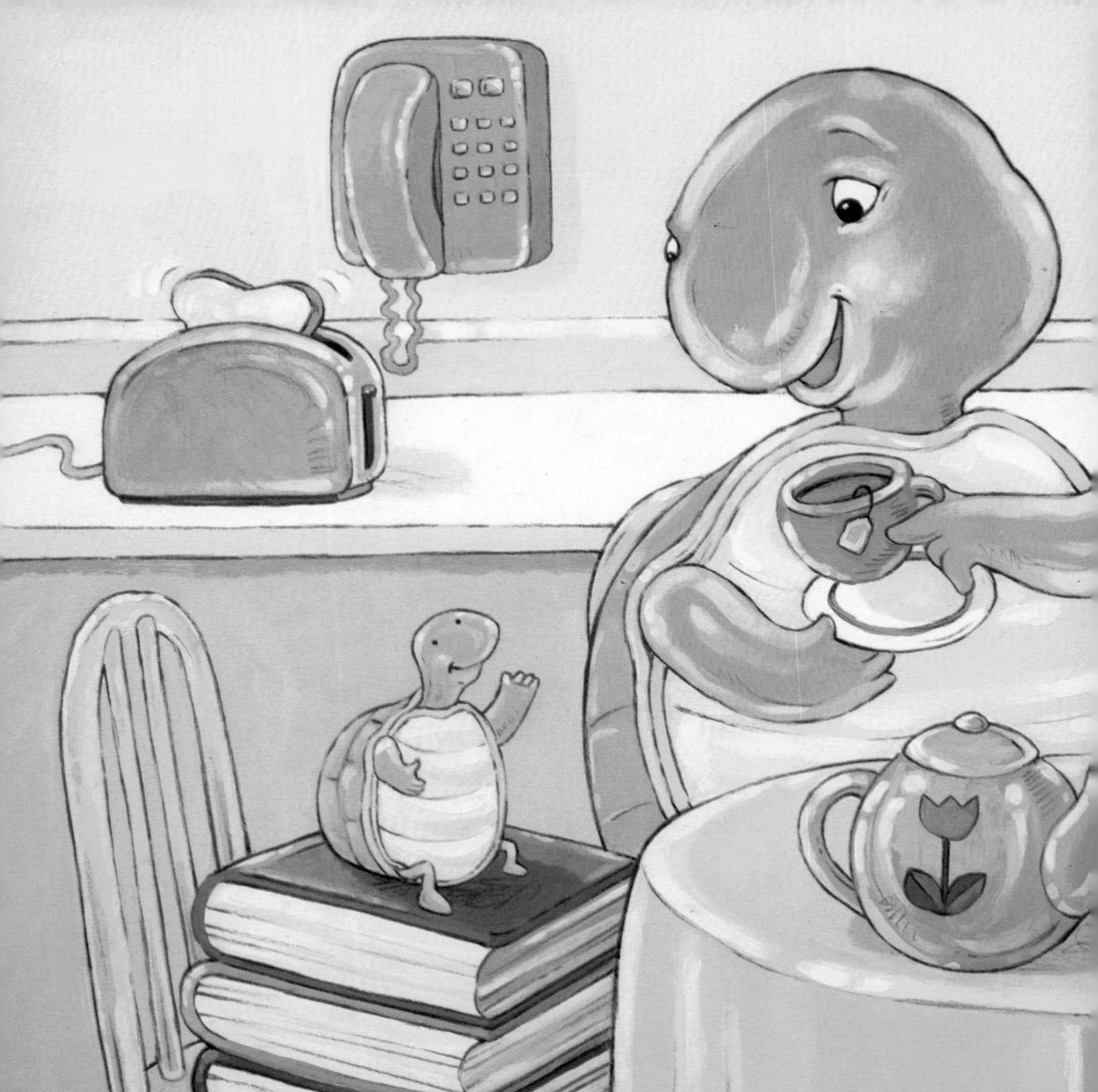

Tiny turtle.

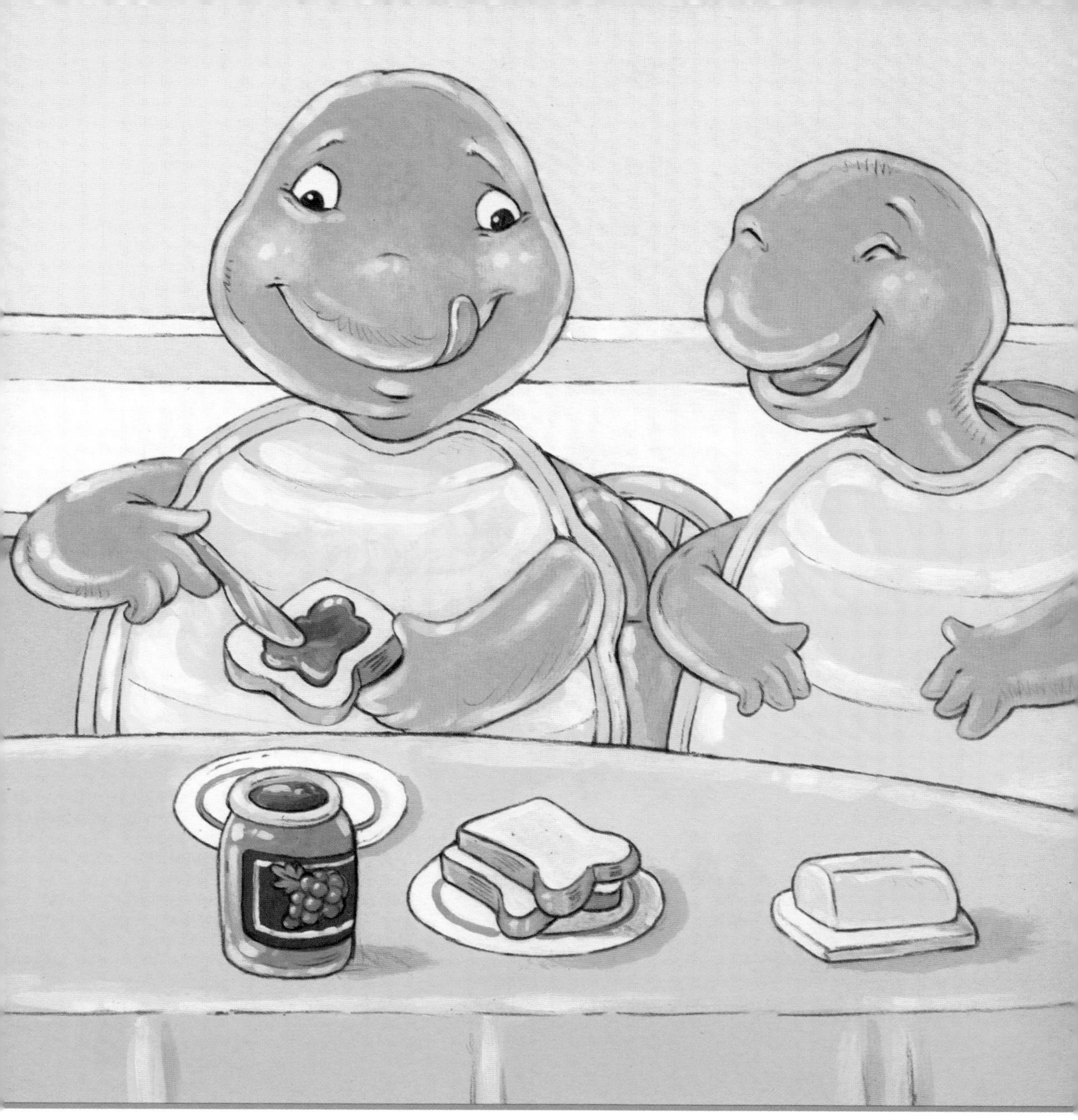

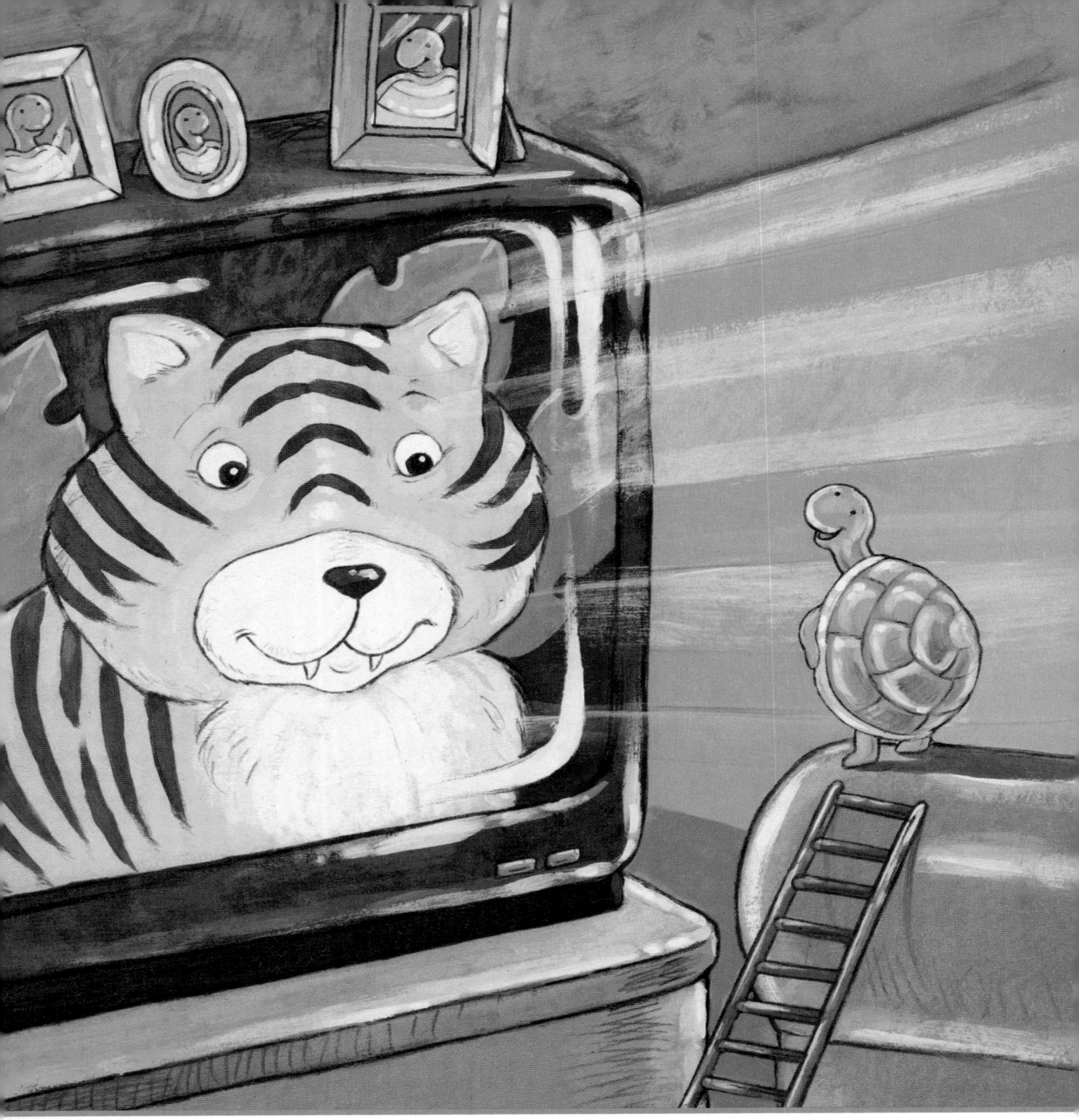

Tiny turtle.

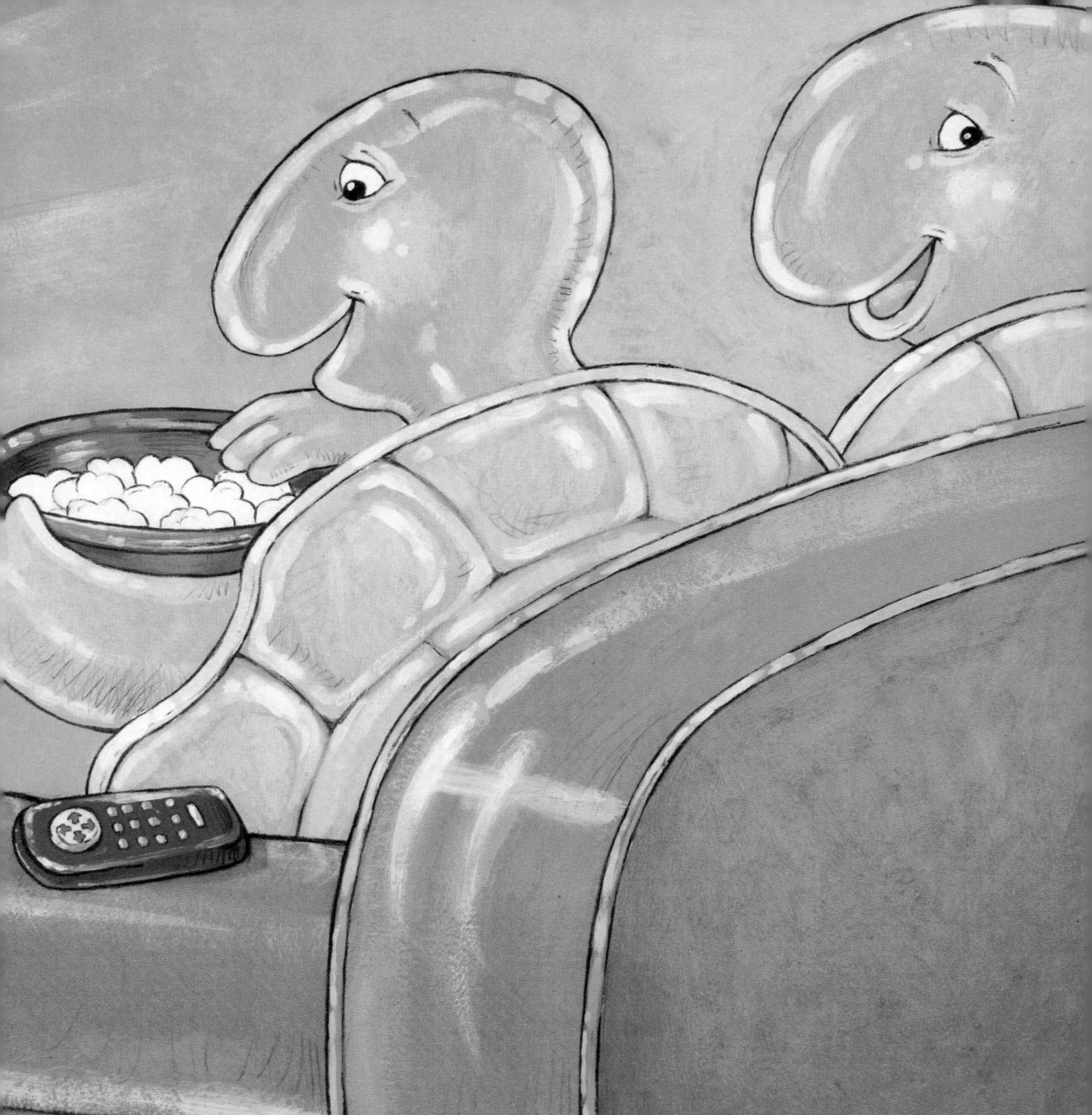

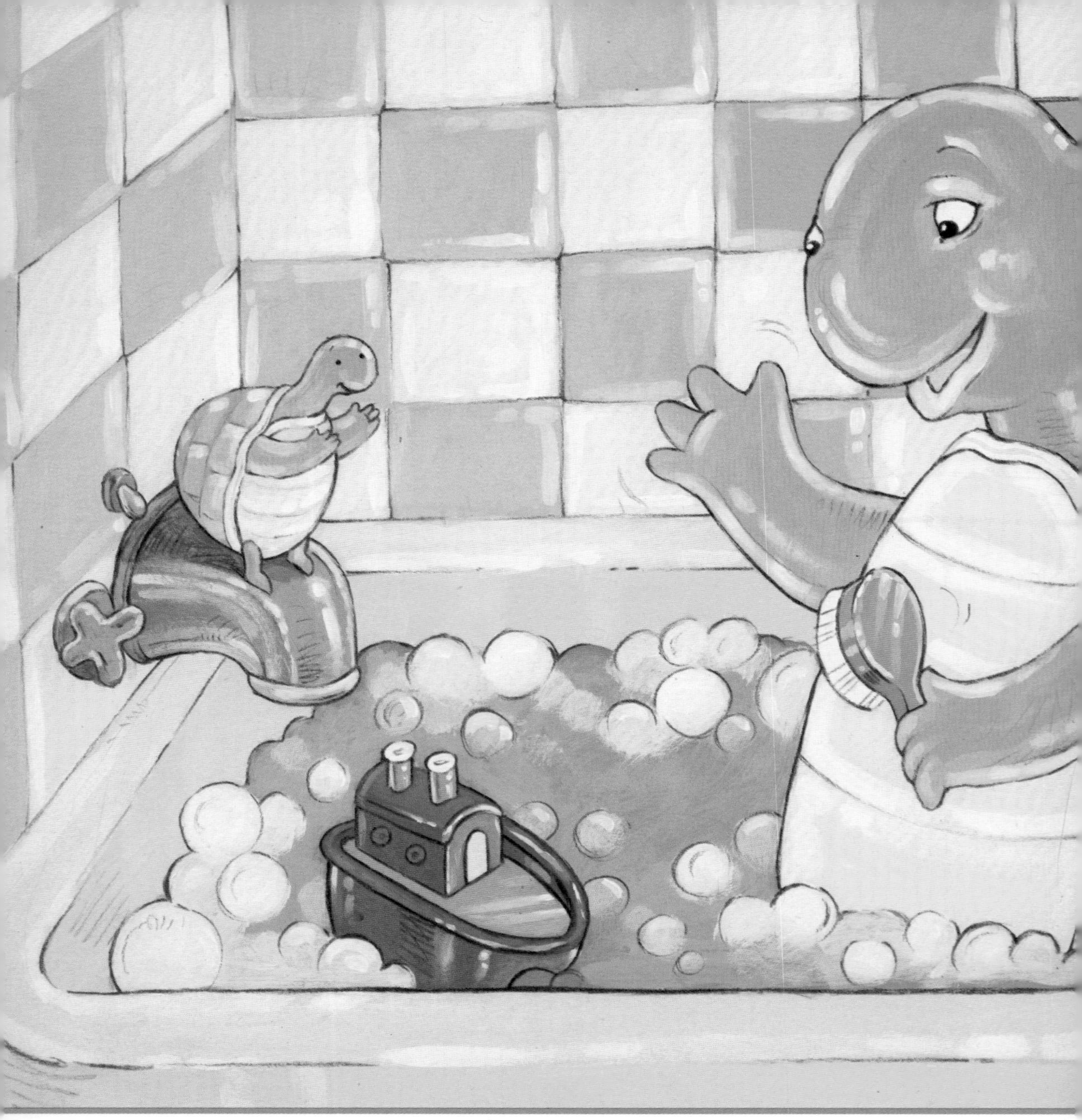

Tiny turtle.

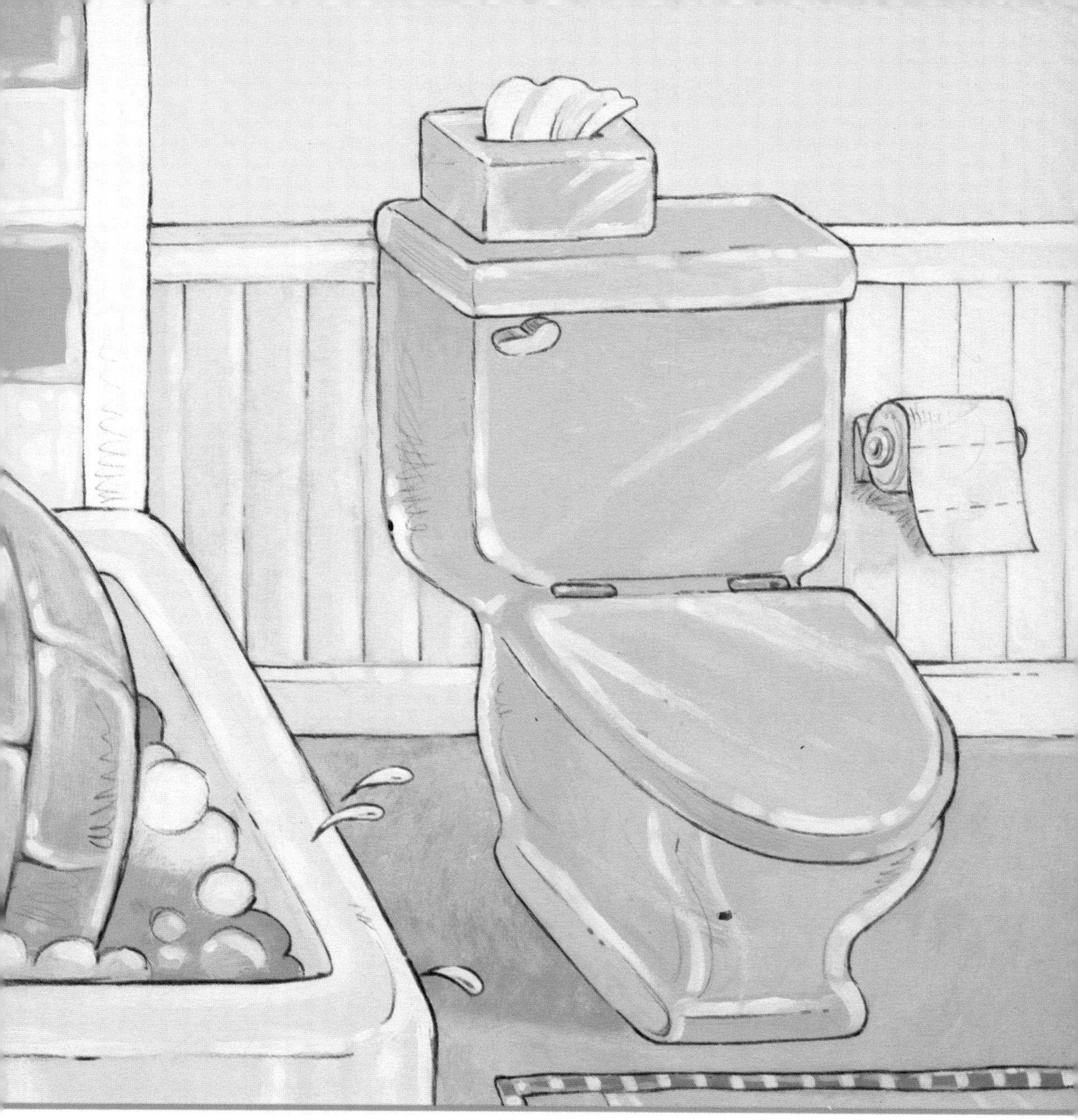

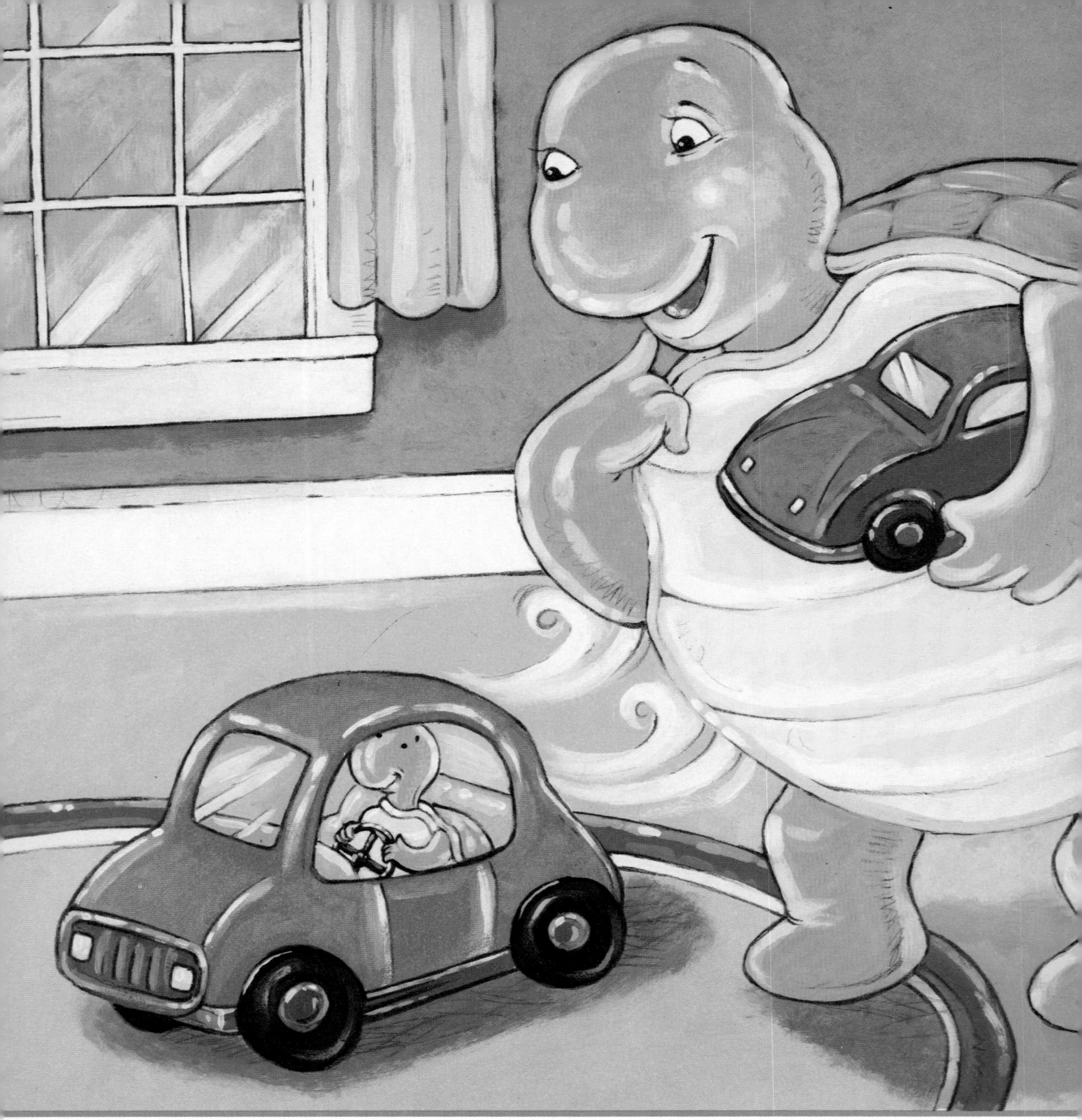

Tiny turtle!